PLATE 1

PLATE I

Test Pattern

PLATE 2

PLATE 3

PLATE 3

PLATE 4

Test Pattern

PLATE 4

Test Pattern

PLATE 5

PLATE 6

PLATE 6

Test Pattern

PLATE 7

PLATE 7

PLATE 8

PLATE 9

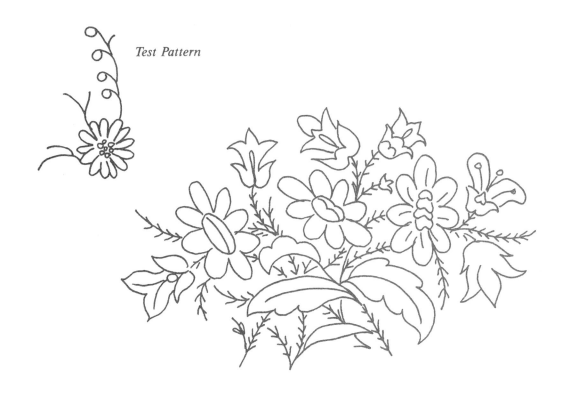

Test Pattern

PLATE 10

Test Pattern

PLATE 11

PLATE 14

Test Pattern

PLATE 12

PLATE 13

PLATE 14

Test Pattern

PLATE 15

PLATE 16

Test Pattern

PLATE 17

PLATE 18

Test Pattern

PLATE 19

PLATE 19

Test Pattern

PLATE 20

PLATE 21

PLATE 21

PLATE 22

PLATE 22

Test Pattern

PLATE 23

PLATE 21

PLATE 29

PLATE 24